El peso de los senos

Nathalie Lagacé

Puede consultar nuestro catálogo en www.obstare.com

Los editores no han comprobado la eficacia ni el resultado de las recetas, productos, fórmulas técnicas, ejercicios o similares contenidos en este libro. Instan a los lectores a consultar al médico o especialista de la salud ante cualquier duda que surja. No asumen, por lo tanto, responsabilidad alguna en cuanto a su utilización ni realizan asesoramiento al respecto.

El peso de los senos
Nathalie Lagacé

1.ª edición: abril de 2022

Título original: *Le poid des seins*

Texto e ilustraciones: *Nathalie Lagacé*
Traducción: *Paca Tomás*
Corrección: *Sara Moreno*

Edita: OB STARE, S. L. U.
www.obstare.com | obstare@obstare.com

ISBN: 978-84-18956-09-6
Depósito Legal: TF-45-2022

Impreso en ANMAN, Gràfiques del Vallès, S. L.
c/ Llobateres, 16-18, Tallers 7 - Nau 10. Polígono Industrial Santiga.
08210 - Barberà del Vallès - Barcelona

Printed in Spain

El peso de los senos

Nathalie Lagacé

Editorial OB STARE

A todos los senos de la Tierra –incipientes o ya bien presentes–,
para los cuales desearía más dulzura, igualdad y respeto,
una vida plena, orgullosa y libre, una vida redondeada
de senos-sonrisas.

Simplemente aparecen... un buen día...

... asomando serena y repentinamente a la vez...

Senos instigadores de cambios...

Un punto, dos puntos, sin vuelta atrás.

Están en cualquier lugar del mundo,
cerca de los corazones, latiendo,
recogidos entre encajes,
en ropa deportiva
o balanceándose libremente.
Senos con diferentes humores.
Senos pesados, pequeños, redondos o alargados;
con forma de calabazas, peras,
cerezas o melones.

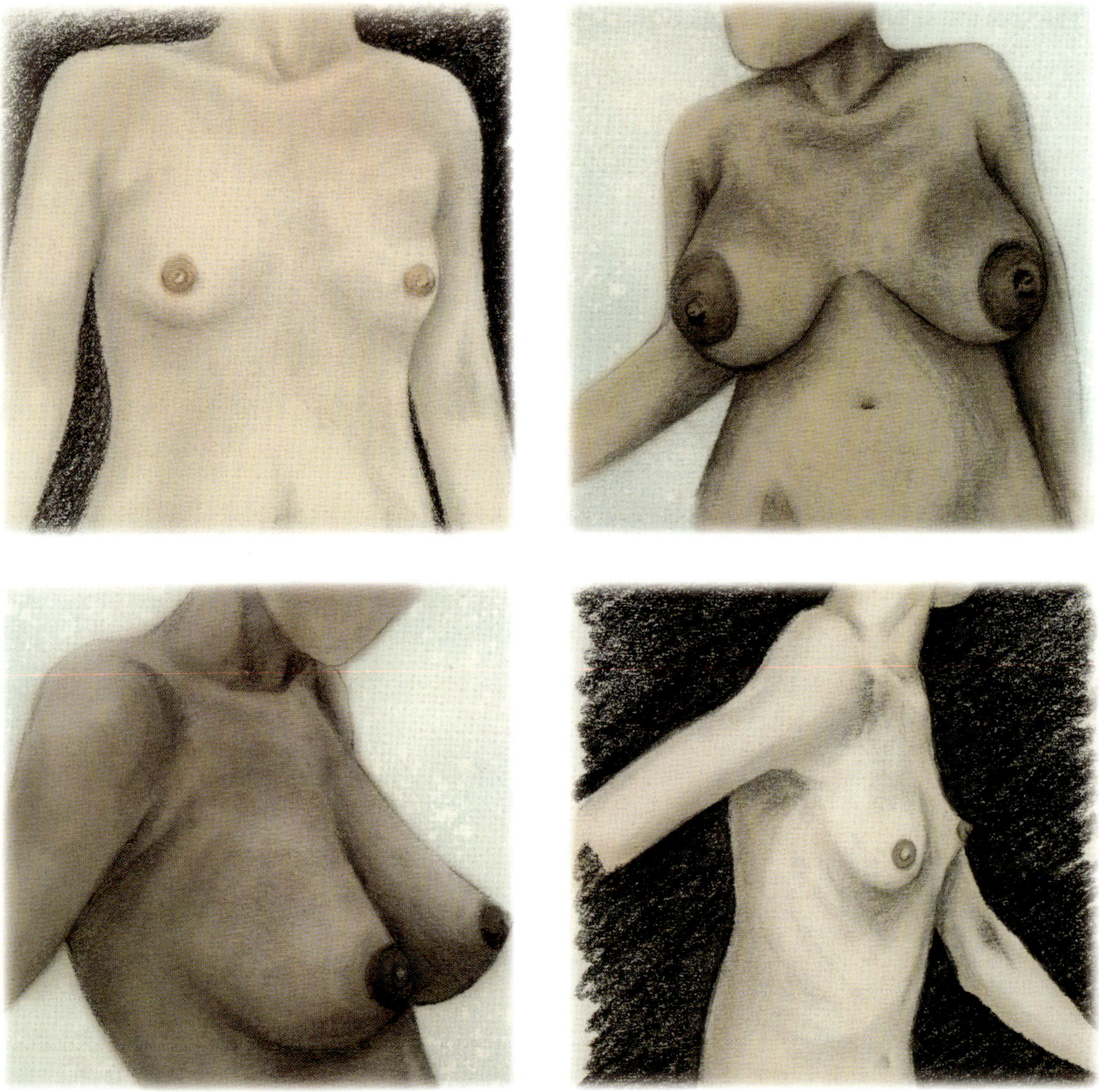

Hay de diferentes colores y de todos los tamaños.

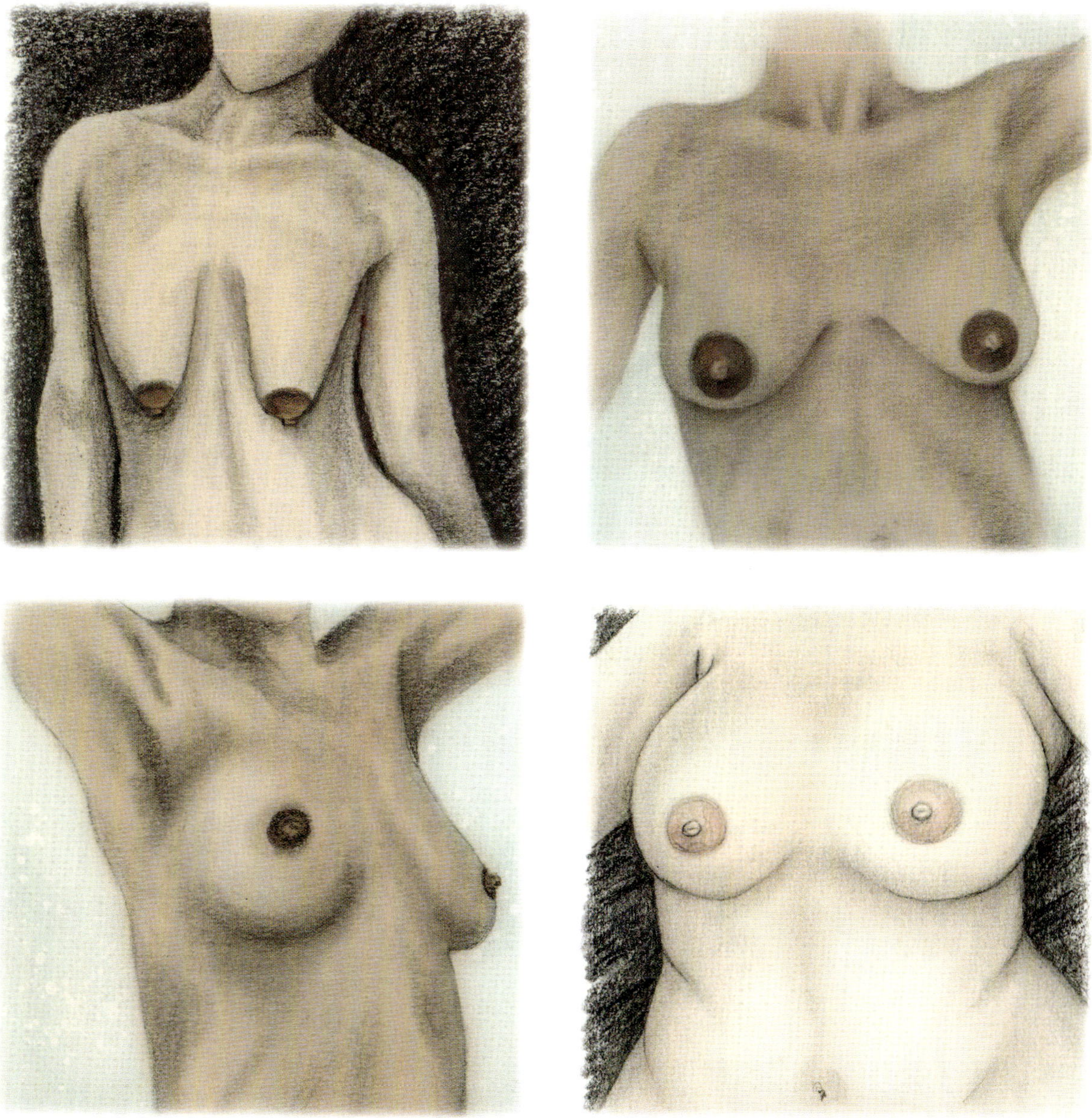

En su mayoría, senos dolorosos una vez al mes.

Con ellos llega la incomodidad del primer sujetador,
las primeras compresas o tampones,
por no hablar de las copas menstruales
con sus virtudes ecológicas,
aunque no son tan sencillas de colocar.
Y mientras algunas
se regocijan de sus nuevos cuerpos,
otras, pensativas, dudosas, se preguntan...

«¿Acaso es injusto ser una chica?».

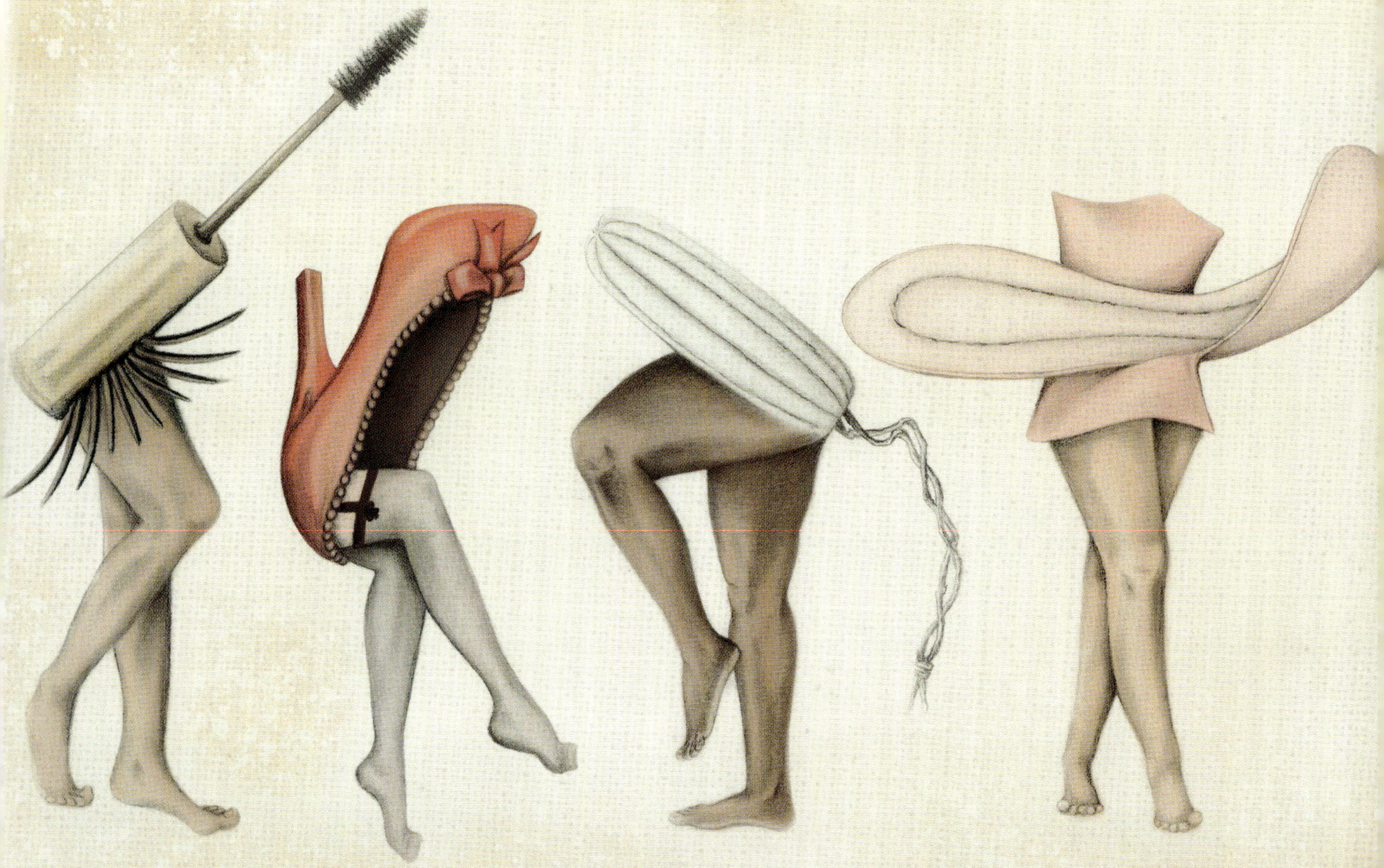

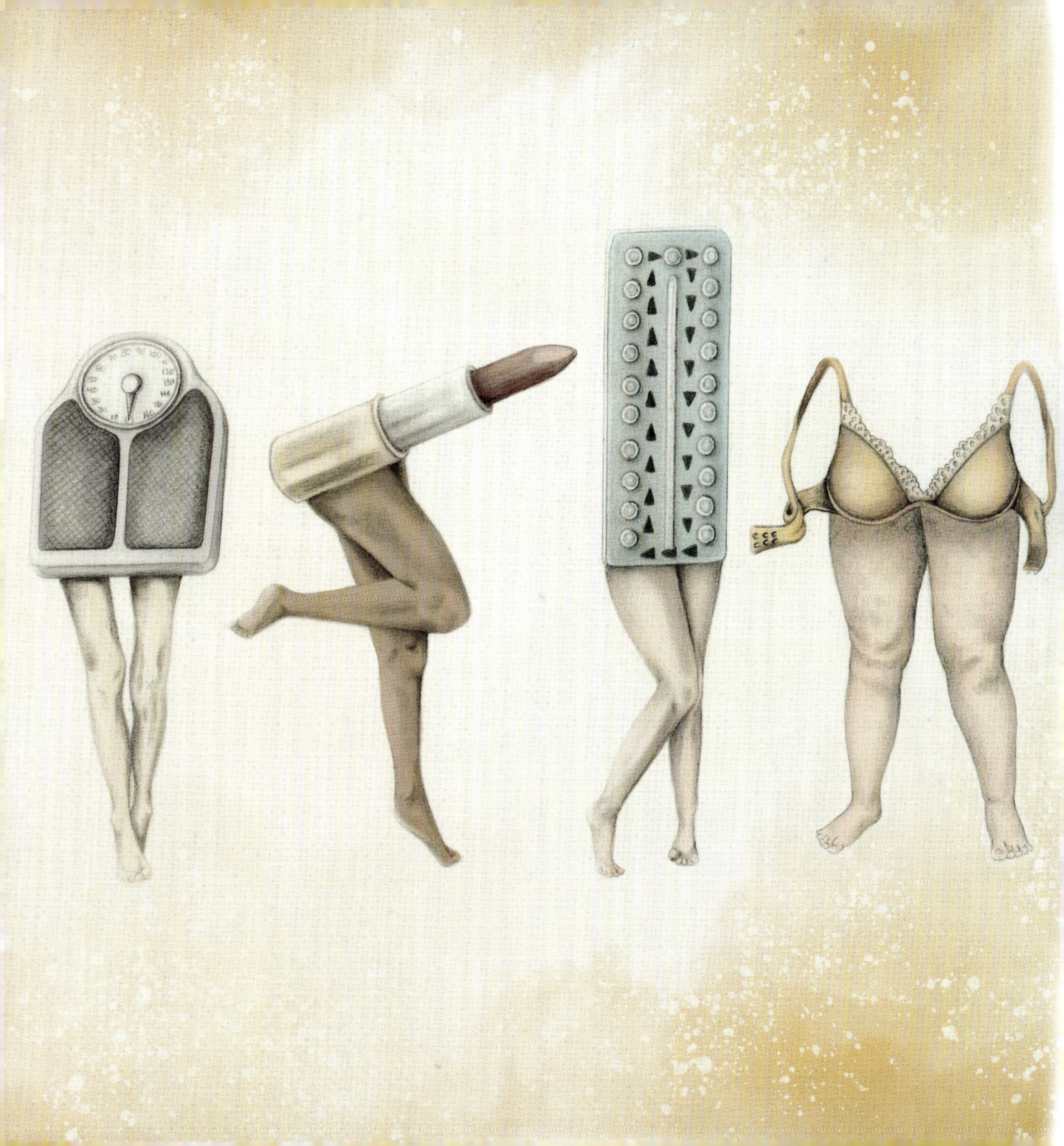

Están los senos que mostramos con orgullo,
la cabeza alta, los hombros hacia atrás,
y los senos inseguros, que escondemos y protegemos,
bajo el caparazón de una espalda encorvada.

Están los senos para los que nos sentimos preparadas,
otros que llegan demasiado pronto,
que no queremos,
que rechazamos.

Debemos admitirlo:
la aparición de dos senos puede ser suficiente para trastornarlo todo.
Rápidamente, una mirada diferente se posa sobre ellos.
Senos a los que se piropea, que atraen y seducen.
Para algunas, será el comienzo de un miedo nuevo...

... una feminidad
que proteger.

Otras preferirán exponerlos sin vergüenza,
emanciparse, hacer como en esas imágenes tan difundidas
de mujeres rebeldes, sexuales, liberadas.
Senos de superestrellas, photoshopeados, siliconados,
sobredimensionados...

… senos publicitados, senos trivializados…

Hay una línea muy fina entre estar realizada y ser utilizada.

Las chicas...

cargan con todo el peso...

de sus senos deseados.

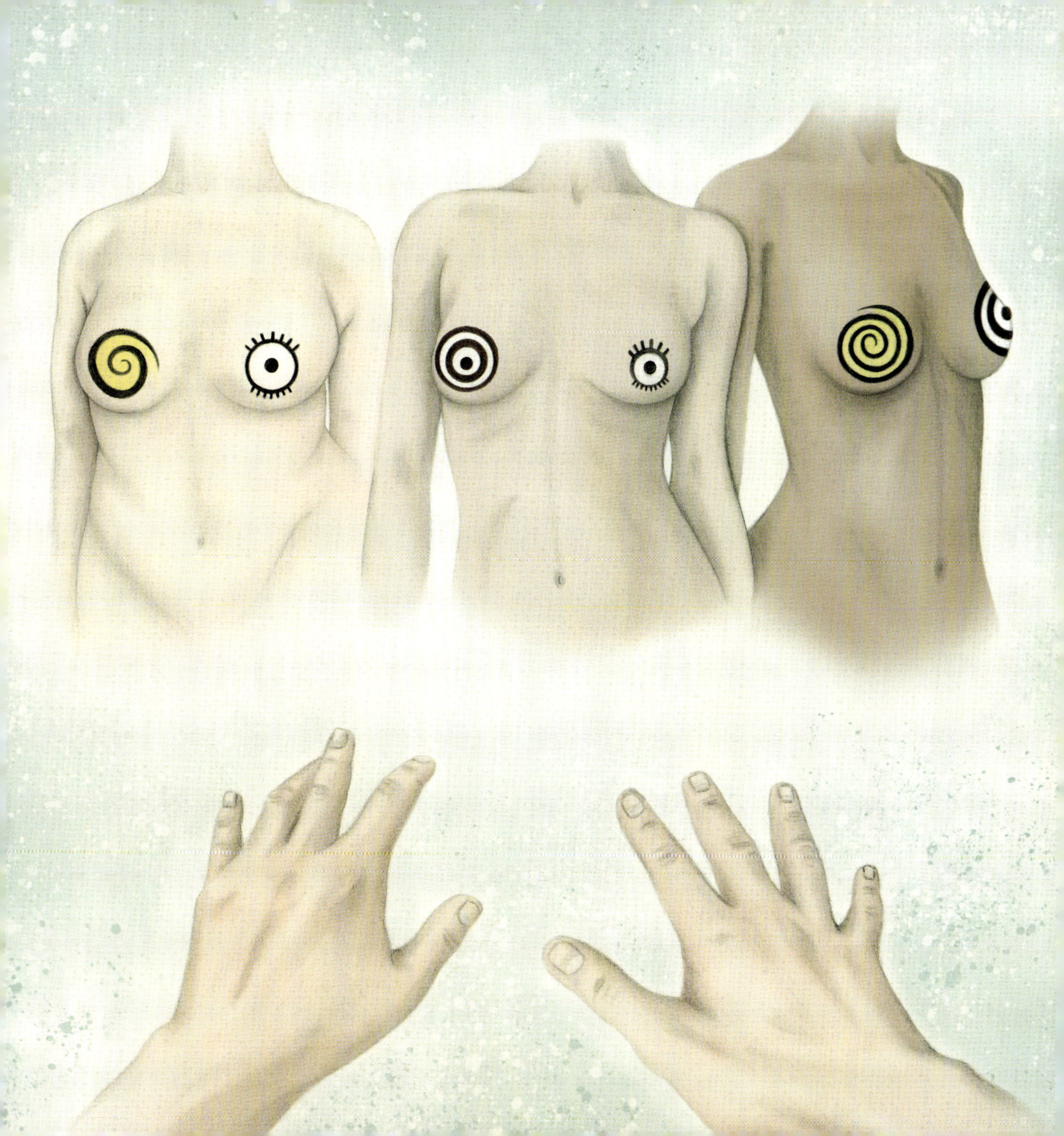

Sí, la aparición de los senos sopla las velas
de la infancia de las chicas.
La libertad se desvanece.
La inocencia se rebela.
La tranquilidad desaparece.

Sí, todo cambia.
Las chicas tienen que adaptarse,
reafirmarse, protestar.

Y, por desgracia, algunas también tendrán que #denunciar.

Para defender los derechos de las niñas y las mujeres
se alzaron las primeras feministas.
Mujeres fuertes con senos-justicia,
con senos-historia para las grandes victorias.

Mujeres que nunca deben ser olvidadas, cuya memoria debemos seguir honrando.

- **Emily Howard Jennings Stowe,** una de las dos primeras doctoras de Canadá, defensora de la inclusión de las mujeres en la comunidad médica.
- **Simone de Beauvoir,** novelista y filósofa francesa, conocida por sus importantes teorías sobre el feminismo.
- **Rosa Parks,** mujer afroamericana y figura destacada en la lucha contra la segregación racial en Estados Unidos.
- **Marie Curie,** científica polaca y primera mujer en ganar un Premio Nobel de Física.

- **Simone Veil,** feminista francesa, política, responsable de la adopción de la aprobación de la ley de despenalización del aborto.
- **Malala Yousafzai,** activista pakistaní por el derecho de todos los niños y niñas a la educación y la persona más joven en recibir el Premio Nobel de la Paz.
- **Kamala Harris,** la primera mujer estadounidense, negra y de origen surasiático, en convertirse en vicepresidenta de Estados Unidos.
- **Sheikha Lubna Khalid Al Qasimi,** la primera mujer emiratí que ocupa un cargo ministerial en su país y una de las mujeres más poderosas del mundo árabe.

Mujeres con senos-batalla.

Con sus senos insignia, nos abrieron el camino.
Y hasta los hombres se colocaron junto a ellas, a favor de su causa.
Gracias a ellas, más felicidad y justicia palpitan en nuestros corazones.

Senos felices y plenos.
Senos que ríen a carcajadas con los amigos.
Senos suaves bajo las caricias deseadas.
Senos aceptados que nos sentimos orgullosas de tener.

Senos...

con un peso...

más ligero...

Pétalos encorvados o corolas desplegadas,
como brotes de identidad,
los senos de mujeres incipientes siguen naciendo.
Senos-flores con exhalaciones singulares.
Campos de chicas coloreadas, un viento de futuro.

Chicas
que tendrán una inclinación
por el azul.

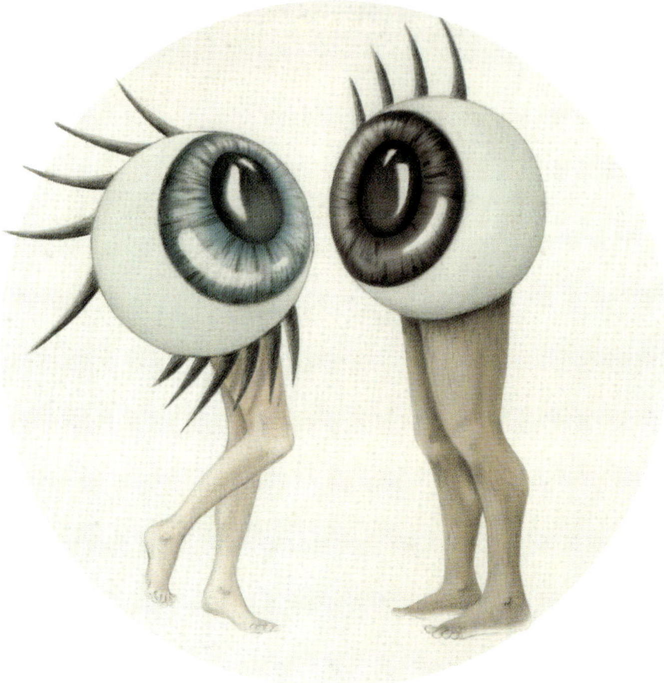

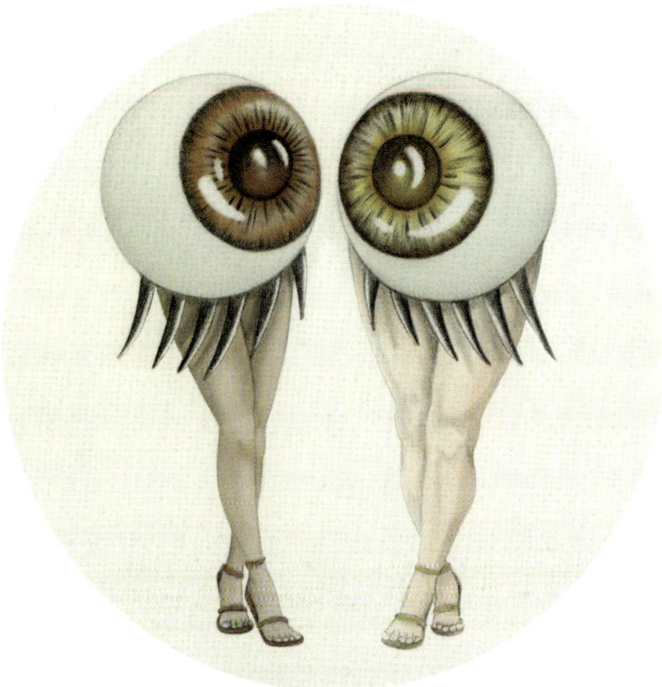

Chicas
que preferirán
el amor en rosa.

Chicas
que amarán los dos,

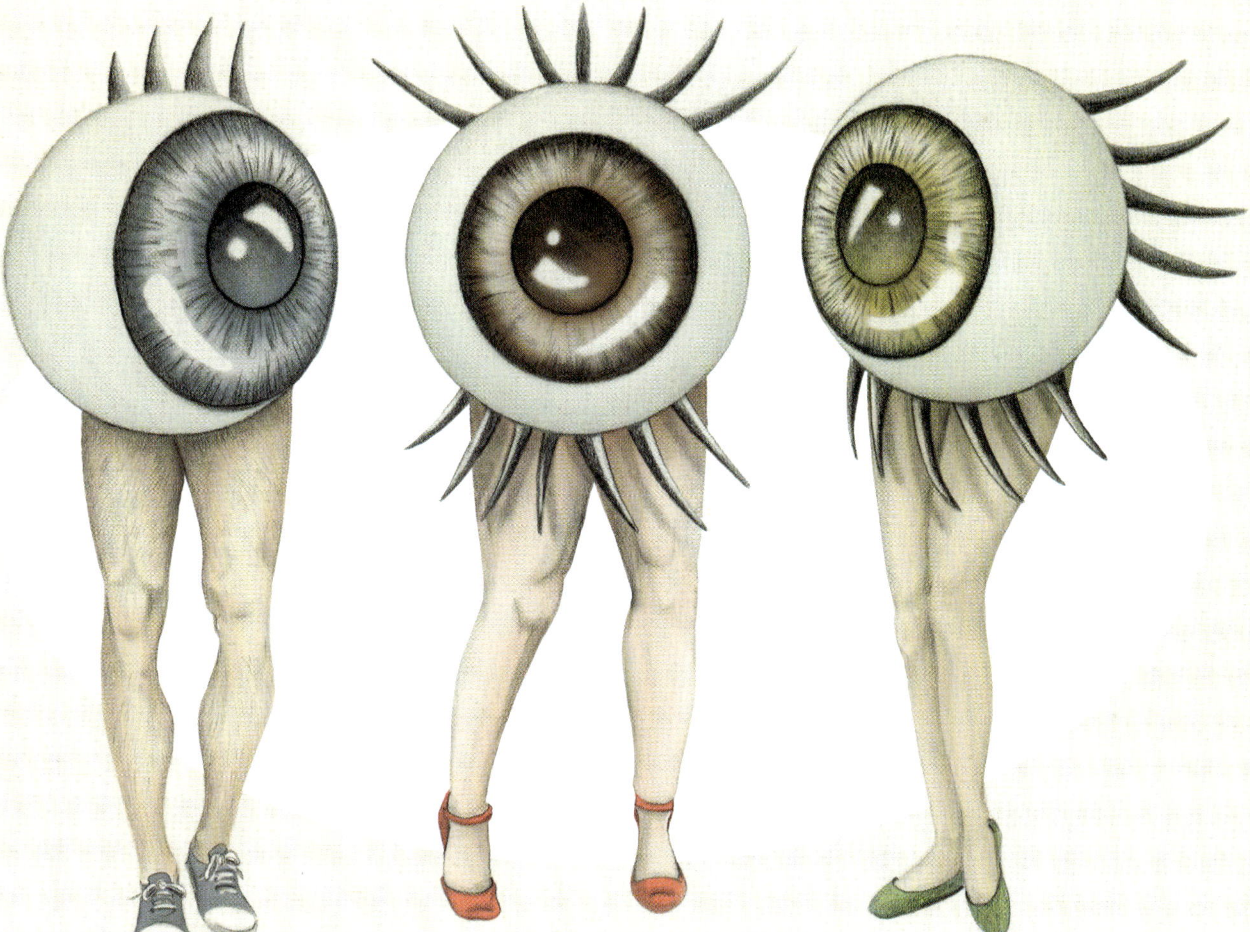

los brazos abiertos al amor violeta.

Muchas de ellas cargarán con el peso del amor:
ligero y pesado, pero sobre todo incondicional.
Senos que serán néctar de la vida, después del amor y los besos,
senos de madres-ternura, senos-humanidad.

Mientras que otras cargarán con el peso de sus senos desaparecidos,
mientras la vida continúa.
Un vacío plano –un estigma agridulce–,
como recuerdo de una victoria contra el cáncer.

Por ellas, simbolizamos, caminamos, nos movilizamos.

También están los senos arcoíris. Senos de lentejuelas, que uno lleva durante una noche como travesti, y los senos de una vida, una identidad de género que uno espera o maldice. Senos presentes o ausentes, que se extirpan o se acogen, cuerpos transexuales, para que entre el género y el cuerpo termine, por fin, el duelo.

Personas con un simple deseo,

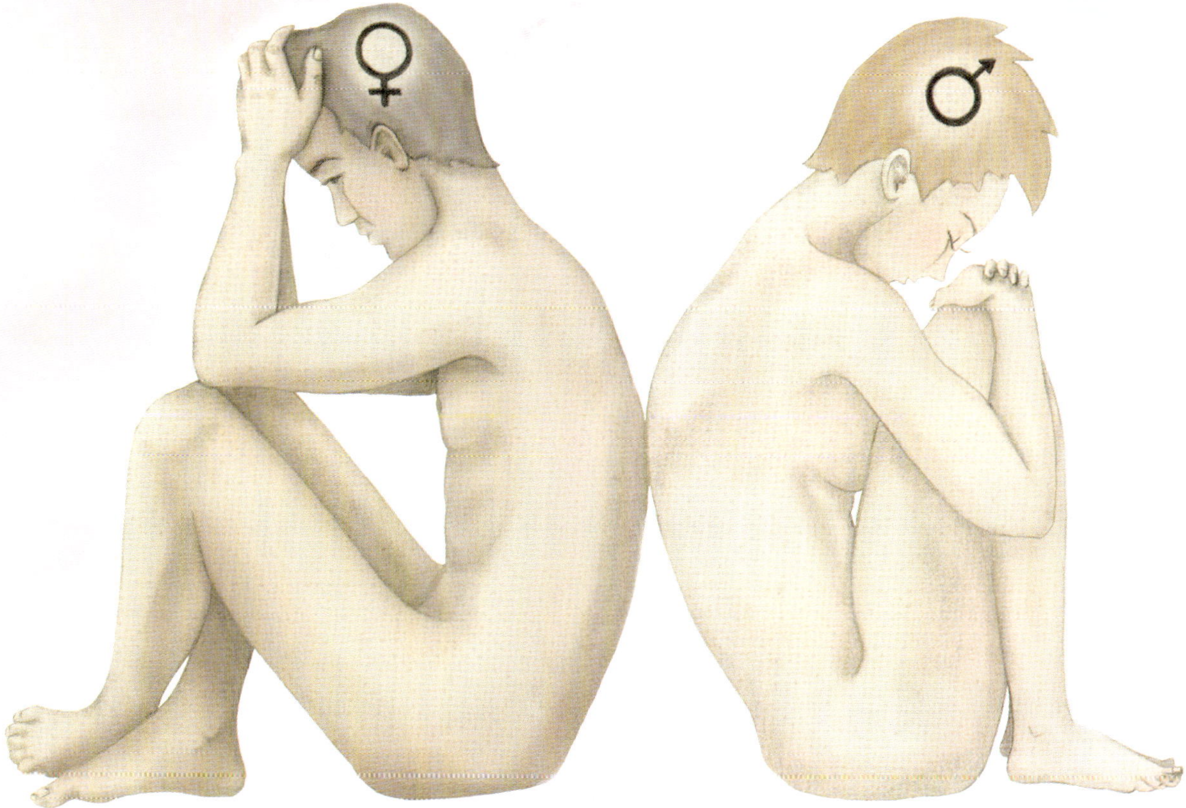

el de no tener que vivir el duelo de uno mismo, cada día.

Con la edad llegan, un día, los senos que nos
apenan, senos flácidos, un poco menos redondos,
un poco más abajo, unos senos imperfectos
con los que tenemos que hacer las paces.
Con la edad llegan también los senos-sabiduría,
después los rebeldes, los senos graciosos por su
eterna juventud, los senos ricos en recuerdos,
en los que se estira el hilo del tiempo,
senos que han conocido
la lluvia y el sol.

A pesar de todo, hay y siempre habrá:
senos escotados, para ser contratados;
senos dóciles, de los que se aprovechan;
senos oprimidos y mal amados;
senos inquietos y al acecho;
senos jóvenes, demasiado jóvenes;
senos privados de libertad;
senos mudos, abusados;
senos vendidos;
senos violados;
senos en peligro...

Las chicas siguen y seguirán
cargando el peso de su ira.

Las chicas siguen y seguirán
cargando el peso de sus hermanas heridas.

Las chicas siguen y seguirán
cargando el peso de una feminidad que proteger.

Sí, ser una chica es un peso muy particular
que hay cargar, defender y proteger.

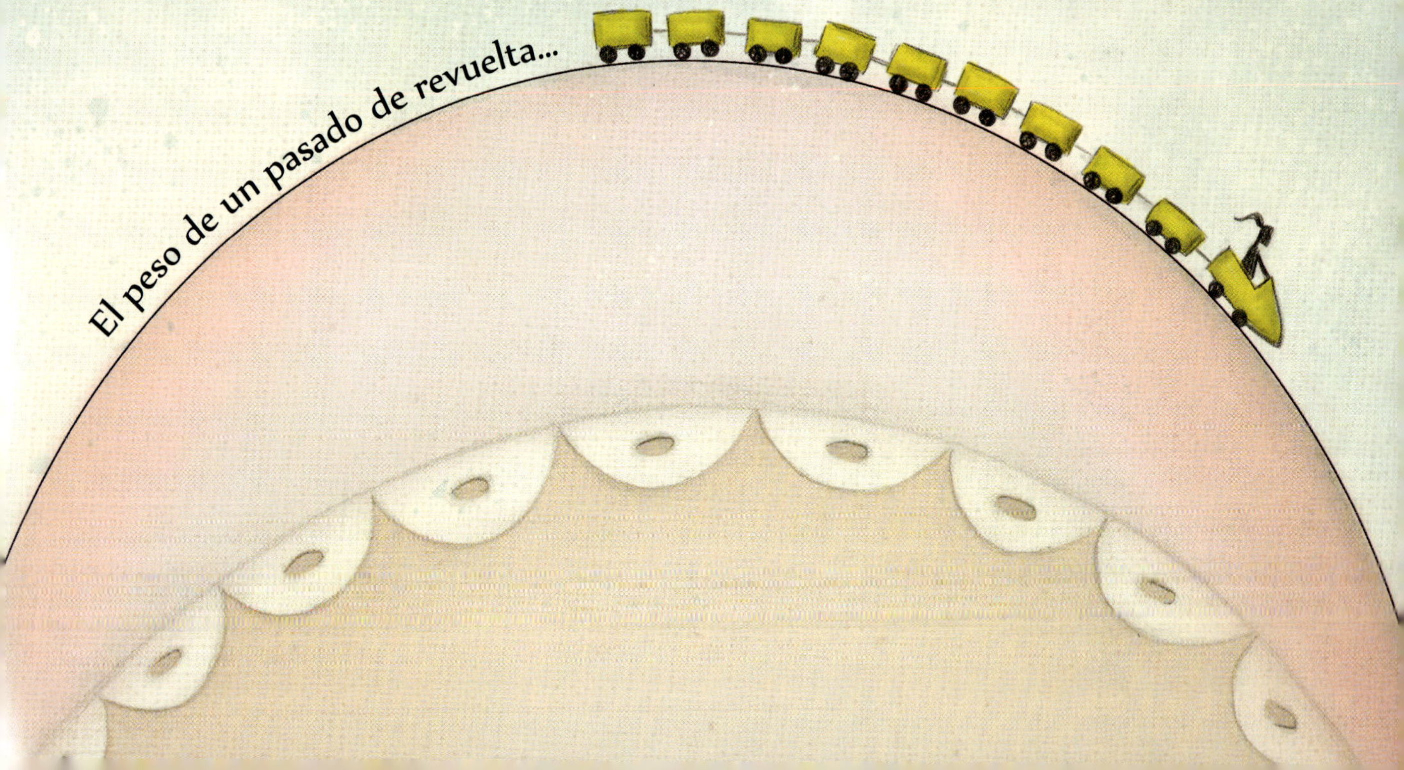

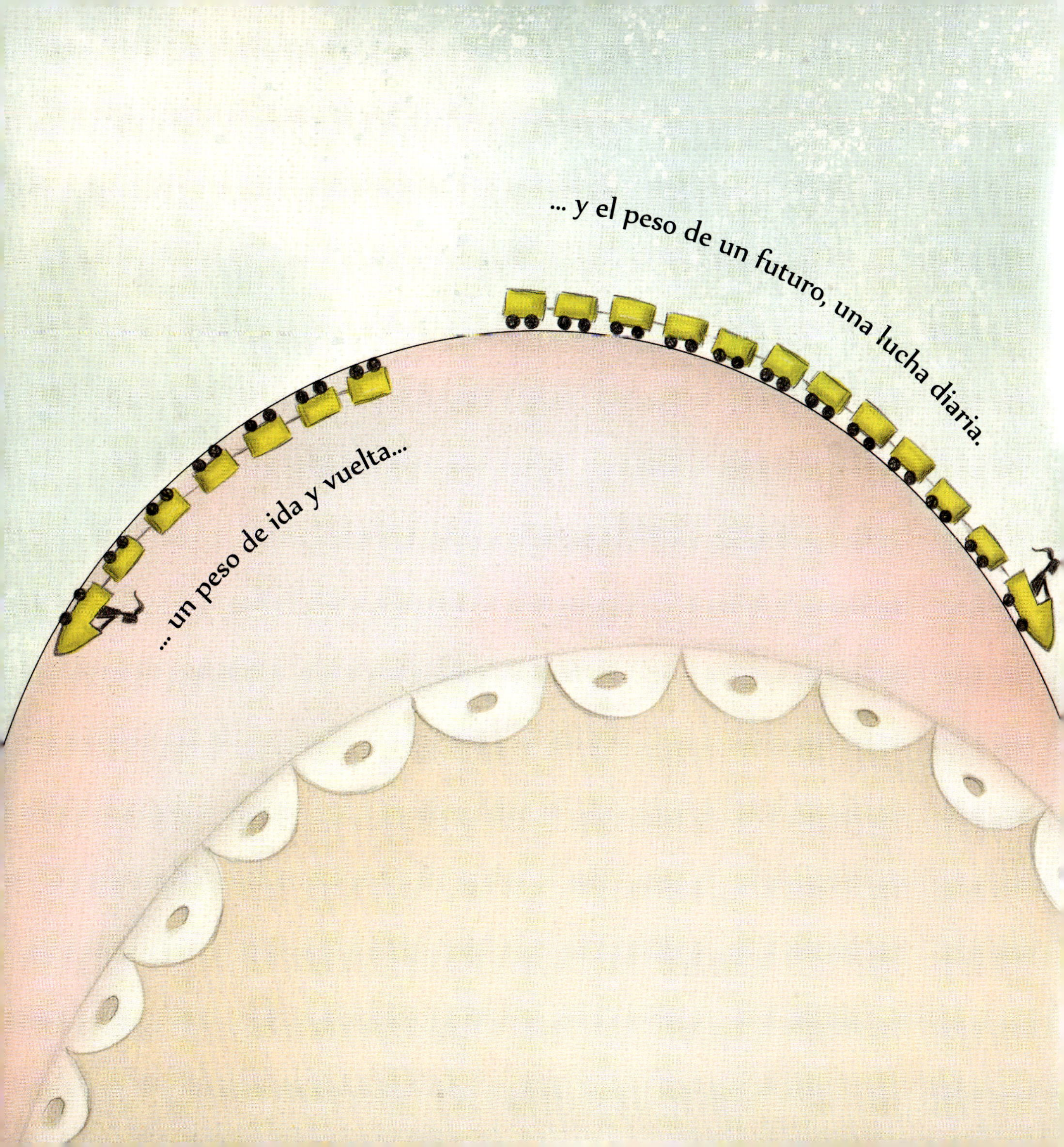

... un peso de ida y vuelta...

... y el peso de un futuro, una lucha diaria.

Pero, sobre todo –sea cual sea el peso a cargar–,
las chicas no dejarán de avanzar.

Sí, las chicas seguirán luchando orgullosas y se abrirán caminos porque no se limitan al peso de sus senos.